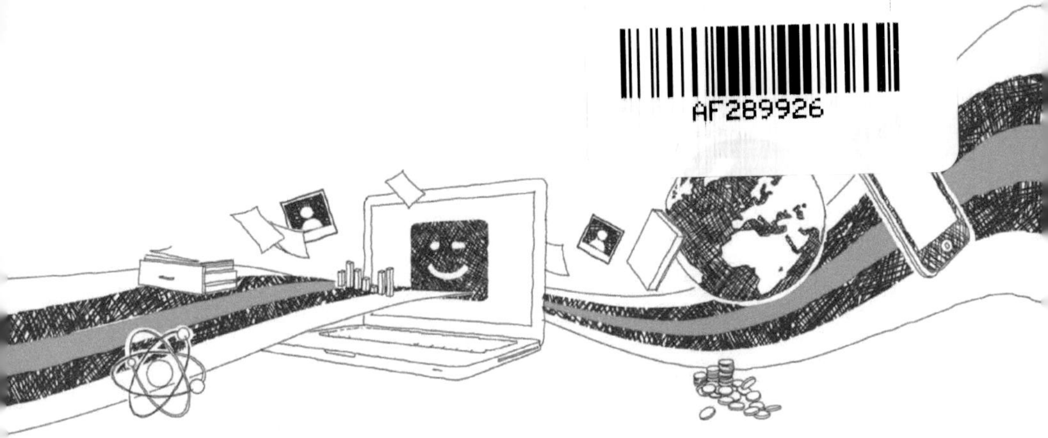

Ernst Probst

# Lucille Ball - Der "weibliche Charlie Chaplin"

GRIN Verlag

**Bibliografische Information der Deutschen Nationalbibliothek:**

Die Deutsche Bibliothek verzeichnet diese Publikation in der Deutschen National-
bibliografie; detaillierte bibliografische Daten sind im Internet über http://dnb.d-
nb.de/ abrufbar.



**Impressum:**

Copyright © 2012 GRIN Verlag, Open Publishing GmbH
Druck und Bindung: Books on Demand GmbH, Norderstedt Germany
ISBN: 978-3-656-18981-7

**Dieses Buch bei GRIN:**

http://www.grin.com/de/e-book/193748/lucille-ball-der-weibliche-charlie-chaplin

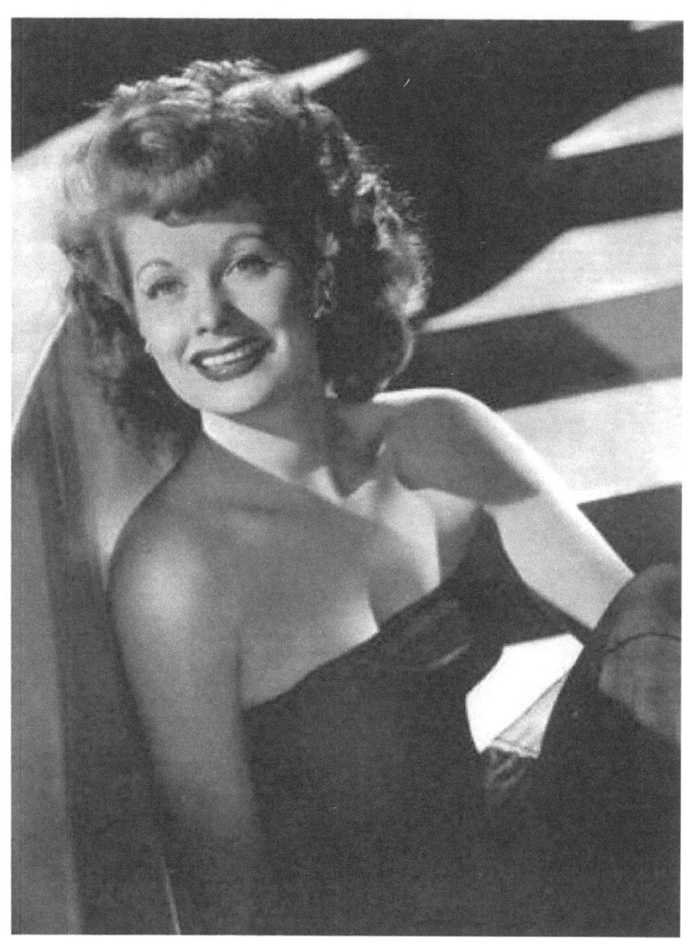

*Lucille Ball (1911–1989)*

Ernst Probst

# Lucille Ball

Der „weibliche Charlie Chaplin"

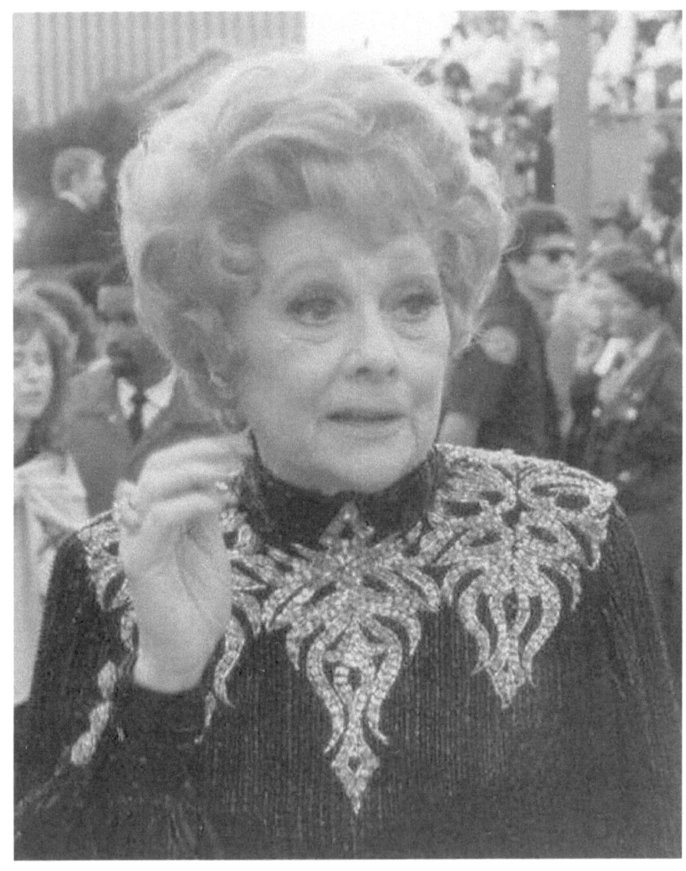

*Lucille Ball im Alter von 77 Jahren,*
*Foto: Alan Light*

# *Lucille Ball*

Der „weibliche Charlie Chaplin"

Als „größten weiblichen Clown der Welt", als „weiblichen Charlie Chaplin" und als „Königin der Situationskomödie" lobten Kritiker die amerikanische Schauspielerin Lucille Ball (1911–1989). Ihr Ruhm beruhte allerdings nicht auf ihren mehr als 50 Kinofilmen, sondern auf humorvollen Fernsehserien. Der quirlige Rotschopf mit Whiskystimme galt in den USA als erfolgreichste TV-Komikerin und als eine der Begründerinnen von Serien auf dem Bildschirm.

Lucille Désirée Ball kam am 6. August 1911 in Celeran, einem Vorort von Jamestown im US-Bundesstaat New York, als Tochter des Elektrikers Henry Durrell Ball (1886–1915) und der Pianistin Désirée Eveline Hunt (1892–1977) zur Welt. Sie war erst vier Jahre alt, als ihr für eine Telefongesellschaft arbeitender Vater starb. Nach dessen Tod wurde Lucille von ihrer berufstätigen Mutter und ihren Großeltern aufgezogen. In ihrem Geburtsort besuchte sie die High School und zeigte schon früh Interesse am Theaterspielen.

Als 15-jähriger Teenager zog Lucille Ball nach New York City. Dort arbeitete sie als Revuegirl („Chorus Girl") und besuchte  sechs Wochen lang die Schauspielschule

„John Murray Anderson-Robert Milton Drama School", in der sie nicht durch besondere Leistungen auffiel. Diese Schauspielschule schrieb an ihre Mutter, der Unterricht für ihre Tochter sei reine Geldverschwendung. Entmutigt kehrte Lucille nach Hause zurück, bemühte sich aber weiter um kleine Rollen am Broadway in New York City und als Model mit dem Pseudonym „Diane Belmont" in der Modebranche.

Die natürliche Haarfarbe von Lucille Ball war Braun. Später wechselte sie zu Blond und dann zu Feuerrot.

Ihrem Auftreten als Reklamegirl für die Zigarettenmarke „Chesterfield" verdankte Lucille Ball ihr Debüt auf der Kinoleinwand in „Roman Scandals" (1933). Auch danach erhielt sie in Hollywood nur unbedeutende Filmrollen. Ihren ersten Erfolg feierte sie mit dem Streifen „Carnival" (1935).

In „Top Hat" („Ich tanze in Dein Herz hinein", 1935) sprach Lucille Ball nur einen einzigen Satz. Doch in „Having a Wonderful Time" (1938) gab man ihr neben Ginger Rogers (1911–1995) die zweite Hauptrolle. In „Room Service" (1938) sah man sie zusammen mit den Marx Brothers Groucho (1890–1977), Chico (1887–1961) und Harpo (1888–1964). In „Too Many Girls" (1940) kam sie als verdorbene Erbin groß raus.

Bei Dreharbeiten für „Too Many Girls" im Frühjahr 1940 in Hollywood lernte Lucille Ball den fünf Jahre jüngeren kubanischen Musiker, Schauspieler und Komiker Desi Arnaz (1917–1986) kennen und lieben.

Er kam als Sohn einer reichen Familie aus Santiago de Cuba zur Welt und hieß eigentlich Desiderio Alberto Arnaz y de Acha III. Sein Vater war der jüngste Bürgermeister von Santiago de Cuba, der zweitgrößten Stadt auf Kuba. Nach der Revolution von 1933 flüchteten die Eltern mit Desi nach Miami (Florida) in die USA.

Am 30. November 1940 heirateten Desi Arnaz und Lucille Ball. In ihrer Ehe kriselte es bereits nach wenigen Jahren. 1944 wurde ein Scheidungsverfahren eingeleitet, aber abgebrochen, bevor es rechtskräftig wurde.

Das Paar ging ein Jahrzehnt lang beruflich getrennte Wege: Desi arbeitete als Bandleader und Lucille als Schauspielerin.

Der einzige von ihren insgesamt mehr als 50 Filmen, den das Energiebündel Lucille Ball wirklich schätzte, hieß „The Big Street" (1942). Eigentlich hatte sie beim Film nie großen Erfolg. In Hollywood-Kreisen war sie als „B-Movie-Königin" bekannt mit Macdonald Carey (1913–1994) als ihrem „König".

1950 gründeten Desi Arnaz und Lucille Ball ein unabhängiges Fernsehstadio namens „Desilu Productions". Dessen Name bestand aus Teilen ihrer Vornamen. Auch die Ranch des Ehepaares in Chatsworth im San Fernando Valley, etwa 40 Kilometer nordwestlich von Hollywood entfernt, trug den Namen „Desilu-Ranch". „Desilu" produzierte ursprünglich für das Radioprogramm von „Columbia Broadcasting System"

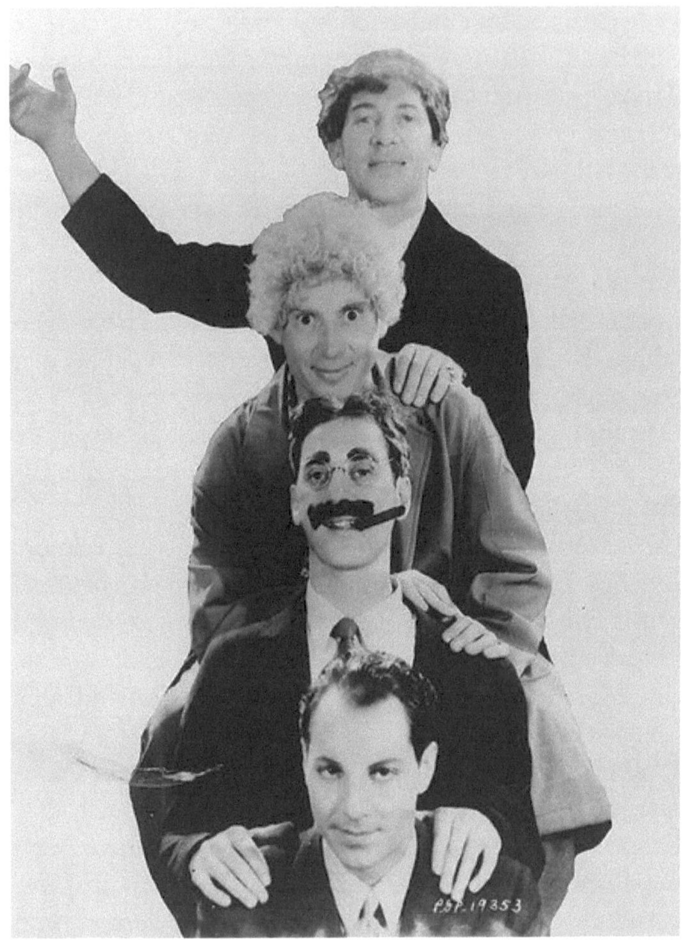

*Marx Brothers Chico, Harpo, Groucho und Zeppo*
*(von oben nach unten)*

(„CBS") die Show „My Favorite Husband", in der Lucille Ball und Richard Denning (1914–1998) die Hauptrollen sprachen. Diese Radioserie basierte auf dem Roman „Mr. And Mrs. Cugar" von Isabel Scott Rorick (1900–1967) aus den 1940-er Jahren und wurde vom 23. Juli 1948 bis zum 31. März 1951 ausgestrahlt. Sie handelte von einer leicht verrückten Hausfrau und ihrem Ehemann, einem Bankangestellten.

Die Radioserie „My Favorite Husband" kam so gut bei den Hörern/innen in den USA an, dass „CBS" daran interessiert war, nach ihrem Muster auch eine Fernsehsendung zu entwickeln. Lucille war davon begeistert, bestand aber auf ihrem Ehemann Desi Arnaz als Partner. „CBS" hätte die Rolle des Gatten ursprünglich gern mit Richard Denning besetzt, was Ludy jedoch strikt ablehnte. Sie hoffte, mit der Serie ihre Ehe mit Desi, die sehr unter hektischen Terminplänen litt, retten zu können.

Anfangs hatte man bei „CBS" noch gewisse Bedenken, ob die Amerikanerin Lucille Ball und der mit starkem spanischem Akzent sprechende Kubaner Desi Arnaz beim Fernsehpublikum in den USA gut ankommen könnten. Um „CBS" zu überzeugen, finanzierten Desi und Lucille selbst mit geliehenem Geld die erste Sendung von „I Love Lucy". Autoren und Produzenten waren wie bei „My Favorite Husband" erneut Bob Carroll junior, Madeleine Pugh und Jess Oppenheimer. Die erste Sendung war ein Riesenerfolg. Von 1951 bis

1957 entwickelte sich „I Love Lucy" zu einem festen Bestandteil amerikanischer Fernsehkultur.

Lucille Ball war einer der ersten Stars, der mit einem Live-Publikum filmte. Auch technisch gab es einige Neuerungen. Die Show „I Love Lucy" wurde direkt auf Filmmaterial aufgenommen, während man damals bei den meisten anderen Fernsehsendungen im qualitativ minderwertigen „Kinescope"-Verfahren die Bilder eines Fernsehmonitors abfilmte. Die bessere Qualität der Lucy-Show erlaubte die Wiederholung per so genannter „Syndikation". Während der Produktion von „I Love Lucy" erfand der aus Deutschland stammende Kameramann Karl Freund (1890–1969) den so genannten „3-Kamera-Aufbau" („3-camera-setup"), der heute Standard im Fernsehen ist. Ungewöhnlich war auch das Übermalen unerwünschter Schatten und Verdecken von Beleuchtungsfehlern mit Farbe, die in verschiedenen Schattierungen von weiß bis mittelgrau im Studio bereitgehalten wurde.

In „I Love Lucy" spielte Lucille die rothaarige Ehefrau „Lucy Ricardo", geborene McGillicudy, des erfolgreichen aus Kuba stammenden Entertainers „Ricky Ricardo", der von ihrem echten Ehemann Desi Arnaz verkörpert wurde. Ricky agierte zunächst als Entertainer und später als Chef des Nachtclubs „Tropicana". Fast in jeder Folge flehte Lucy ihren TV-Gatten an, einmal im Nachtclub auftreten zu dürfen. Doch das wurde von Ricky abgelehnt, weil sie kein Talent habe, als Hausfrau

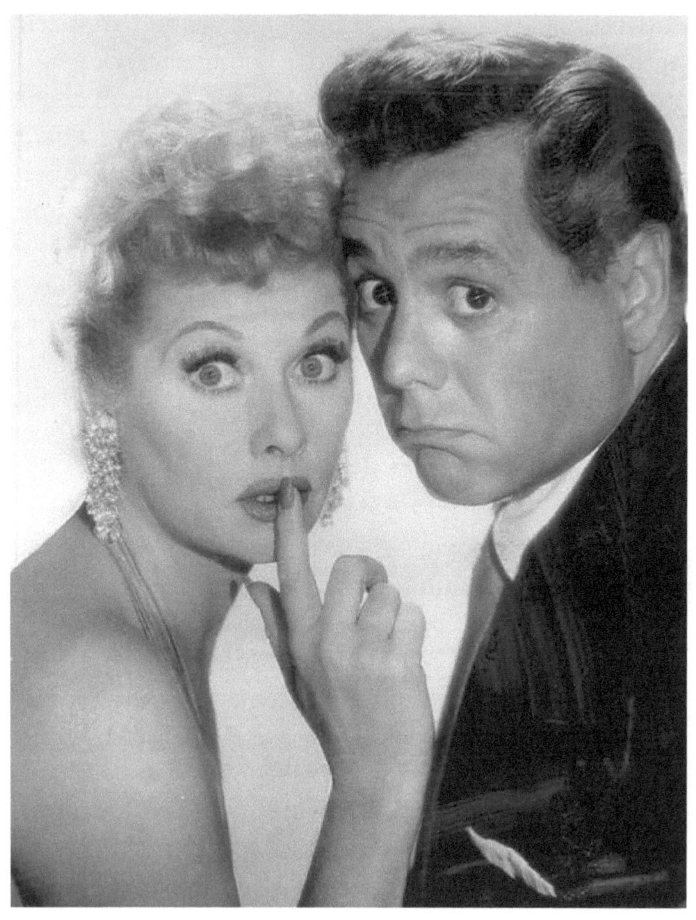

*Lucille Ball und ihr erster Ehemann Desi Arnaz
auf einem „Publicity Photo"
für die „The Lucille Ball-Desi Arnaz Show" im Herbst 1957*

zuhause bleiben, sein Essen machen, seine Pantoffeln bringen und sich um die Kinder kümmern solle.

Lucy geriet als komische Hausfrau durch ihre Naivität in aberwitzige Situationen. Wenn sie mit zwei linken Händen nacheinander gefroren, mit Schokolade übergossen, gestärkt und unzählige Male durchnässt wurde, wieherte eine ganze Nation vor den Bildschirmen. Selbst wenn sie aus einem Hubschrauber purzelte, auf Skiern eine Treppe hinunter raste oder mit einem Känguru boxte, spielte sie ohne Double. Ein beliebter Gag war, wenn Lucy zu ihrer Freundin sagte: „Ethel, ich habe eine Idee" und diese erschreckt antwortete: „Nein, hast du nicht!"

Insgesamt sah man Lucy in 495 skurrilen Abenteuern, die sie so populär wie die Micky Maus von Walt Disney (1901–1966) machten. Dass sie älter wurde und ihr manche verrückte Turnübungen schwer fielen, konnte sie nicht bremsen. Erst ein schwerer Skiunfall, nach dem sie fast bewegungsunfähig war, machte den temperamentvollen Clownerien ein Ende. 1974 zog sich Lucille aus dem Showgeschäft zurück.

„I Love Lucy" wurde mit mehr als 200 Preisen ausgezeichnet, darunter fünfmal mit dem „Emmy"-Award, dem begehrten „Fernseh-Oscar". Es war eine der vier erfolgreichsten Serien der amerikanischen Fernsehgeschichte. Wiederholungen von „I Love Lucy" begeistern noch heute das amerikanische Fernsehpublikum so wie einst in den 1950-er Jahren.

Desi Arnaz praktizierte als Produzent von „I Love Lucy" einen ungewöhnlichen Geschäftsstil. Weil er keine Kenntnisse in Betriebswirtschaft besaß, kannte er den Begriff Amortisation nicht. Laut Online-Lexikon „Wikipedia" schlug er alle anfallenden Produktionskosten auf die erste Episode der neuen Saison, anstatt die getätigten Investitionen auf die geplante Anzahl der Episoden zu verteilen. Auf diese Weise waren bereits nach kurzer Zeit die Produktionskosten für alle Episoden gedeckt, die gegen Ende der Saison zu absurd niedrigen Kosten hergestellt werden konnten. Nach der Ausstrahlung von „I Love Lucy" kaufte Desi diese zu einem erstaunlich niedrigen Preis zurück. Damit erkannte er früher als andere die Chancen für den Wiederverkauf.

Am 17. Juli 1951 brachte Lucille Ball ihre Tochter Lucie Arnaz zur Welt. Anderthalb Jahre später folgte am 19. Januar 1953 ihr Sohn Desi Arnaz junior. Als die Schwangerschaft von Lucille und die Geburt ihres Sohnes in „I Love Lucy" gezeigt wurden, war das ein Novum in der Geschichte des amerikanischen Fernsehens. Schätzungsweise 44 Millionen Zuschauer/innen sahen sich die Episode mit der Geburt an. Beide Kinder des Ehepaares Arnaz machten sich später als Schauspieler einen Namen.

Nach zwei Jahrzehnten endete 1960 die Ehe von Lucille Ball und Desi Arnaz mit der Scheidung. Desi hatte Probleme mit Alkohol und Drogen sowie Affären mit

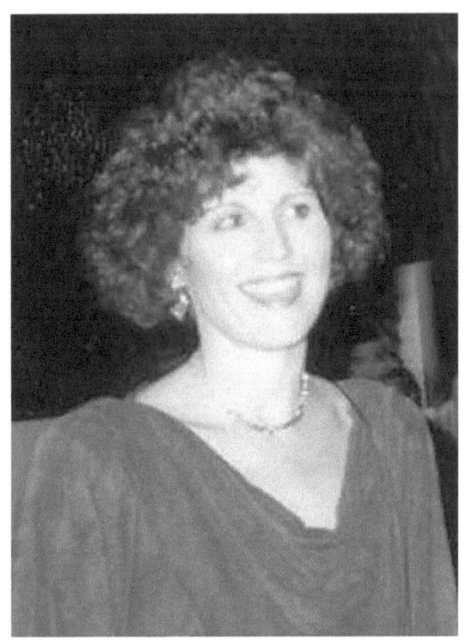

*Tochter Lucie Arnaz*
*bei der 60. „Oscar"-Verleihung 1988,*
*Foto: Alan Light*

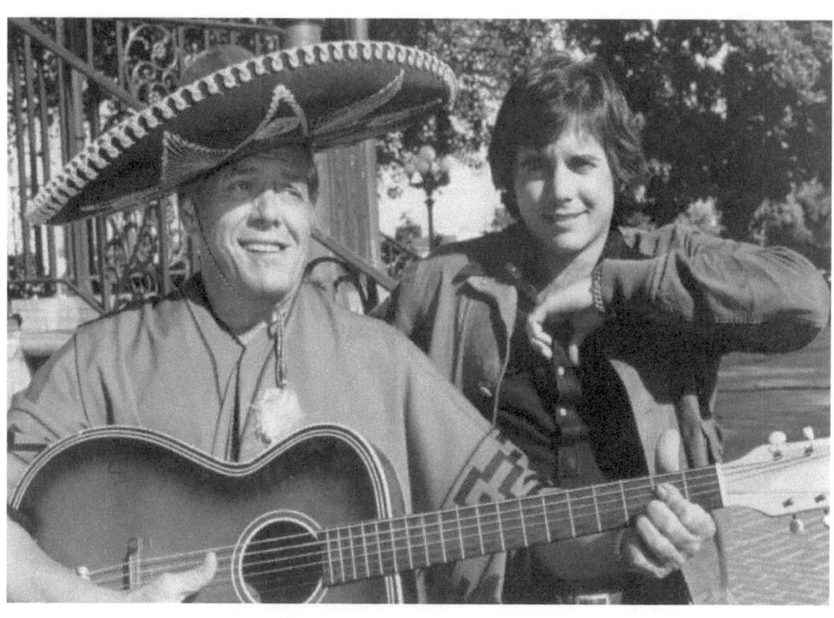

*Vater Desi Arnaz senior (links)*
*mit Sohn Desi Arnaz junior (rechts) im Jahre 1974*

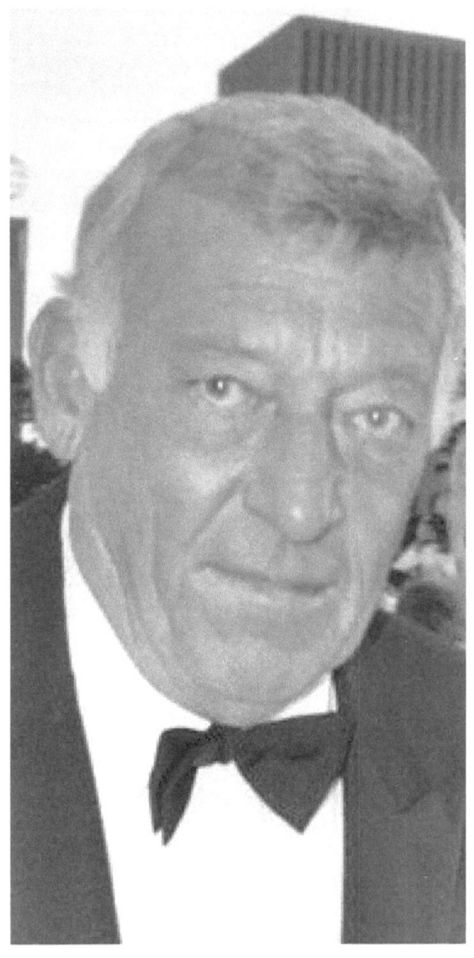

*Zweiter Ehemann Gary Morton (1924–1999),*
*Foto: Alan Light*

anderen Frauen. Im Jahre 1960 verkaufte Desi die vor 1960 gedrehten „Desilu"-Serien an „CBS".

1961 heiratete Lucille den Komiker Gary Morton (1924–1999). Ihr zweiter Ehemann arbeitete als ihr so genannter „executive producer". Im Gegensatz zu ihrem ersten Gatten Arnaz trat sie mit Morton nicht in Serien auf.

1962 verkaufte Desi Arnaz seinen Anteil am Fernsehstudio „Desilu Productions" an seine geschiedene Ehefrau Lucille Ball, die nun an seiner Stelle den Vorsitz übernahm. Lucille war damit die erste Frau, die ein bedeutendes Studio leitete und galt als eine der einflussreichsten Frauen jener Zeit in Hollywood. „Desilu" produzierte so bekannte Fernsehserien wie „Star Trek" und „Kobra, übernehmen Sie".

Von 1962 bis 1968 sah man Lucille Ball mit ihrer neuen Fernsehserie „The Lucy Show" wieder auf dem Bildschirm. Von 1968 bis 1974 folgte die Serie „Here's Lucy".

Zwischen 1962 und 1967 leitete Lucille Ball das Fernsehstudio „Desilu-Productions". 1967 verkaufte sie „Desilu" an den Konzern „Gulf and Western Industries", der es mit dem 1966 erworbenen Filmstudio „Paramount Pictures" fusionierte. Ende 1967 wurde aus „Desilu Productions" Paramounts Fernsehproduktionseinheit „Paramount Television".

1968 gründete Lucille Ball die „Lucy-Ball-Productions" für ihre erwähnte Fernsehserie „Here's Lucy". Deren erste Saison 1968/1969 produzierte man noch zu-

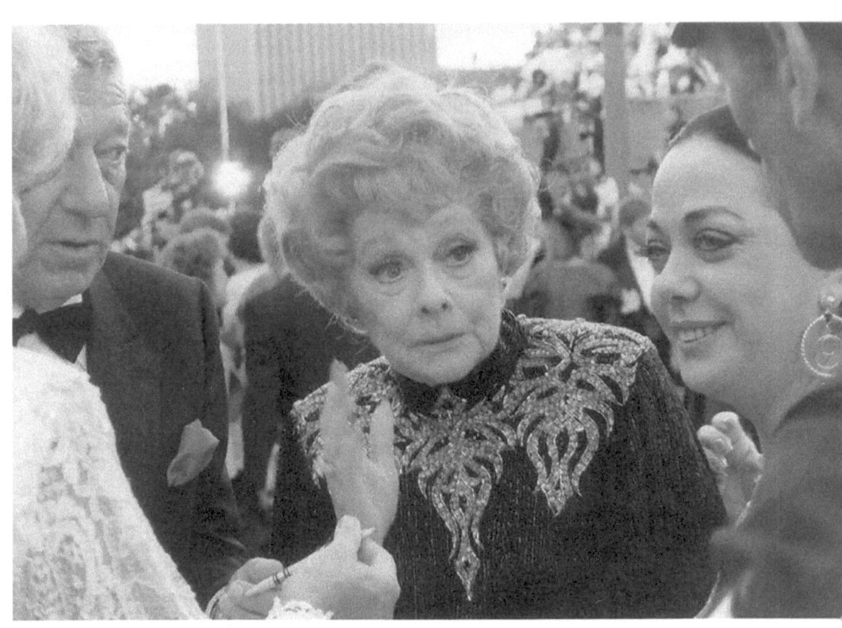

*Lucille Ball (rechts) bei ihrem letzten öffentlichen Auftritt
am 29. März 1989 im Alter von 77 Jahren,
links daneben ihr Ehemann Gary Morton.
Das Foto entstand bei der 61. „Oscar"-Verleihung
(„61th Academy Awards").
Einen Monat später ist Lucille Ball gestorben.
Foto: Alan Light*

sammen mit „Paramount Television". „Paramount" zog sich danach aus der Produktion zurück und verkaufte die anteiligen Rechte an der ersten Saison an Lucille Ball.

Wenn Lucille Ball in Beverly Hills spazieren ging, kam es vor, dass Touristenbusse anhielten und die Fahrgäste sie besichtigten. Ihr Haus wurde oft von Fans umlagert. Es gab sogar Touristen, die auf ihrem Vorderrasen eine Wolldecke ausbreiteten und picknickten.

Kurz vor ihrem Lebensende erklärte Lucille Ball. „Ich bin nicht lustig. Meine Schreiber waren lustig. Meine Regie war lustig. Die Situationen waren lustig. Aber ich bin nicht lustig. Ich bin nicht lustig. Was ich bin, ist mutig."

Am 18. April 1989 unterzog sich Lucille Ball einer Herzoperation. Acht Tage später erlag die unvergessene Komikerin am 26. April 1989 im Alter von 77 Jahren in Los Angeles (Kalifornien) einem Herzversagen. Zunächst setzte man sie auf dem Friedhof „Forest Lawn – Hollywood Hills Cemetery" in Los Angeles bei. Später ließen ihre Kinder sie auf den Friedhof „Lake View Cemetery" in ihrer Geburtsstadt Jamestown im US-Bundesstaat New York umbetten.

In einer Biografie wurde Lucille Ball respektlos als „komische Nudel mit einem Hang zu Platitüden" bezeichnet. Darin hieß es auch, sie sei mit albernen Gesten und einem großen ausdrucksstarken Mund und ebensolchen Augen in über 50 Filmen erschienen.

# Literatur

FEMBIO Frauen-Biographie-Forschung
http://www.fembio.org
INTERNET MOVIE DATABASE (Film-Datenbank)
http://www.imdb.com
PROBST, Ernst: Superfrauen 7 – Film und Theater,
Mainz-Kostheim 2001
PROBST, Ernst: Königinnen des Films, München 2012
PUBLIKUMSLIEBLINGE NICHT NUR VON
GESTERN http://www.steffi-line.de
Internetseite von Stephanie D'heil, Düsseldorf
WIKIPEDIA (Online-Lexikon)
http://wikipedia.org
WINNERT, Derek (Herausgeber): Lucille Ball. Aus:
Kino. Die große Welt der Filme und Stars, S. 60, Nie-
dernhausen 1995

# Bildquellen

Reproduktion eines „Publicity Photos" für
die Fernsehsendung „California, My Way"
vom 9. August 1974): 15

Yank, the Army Weekly: 1

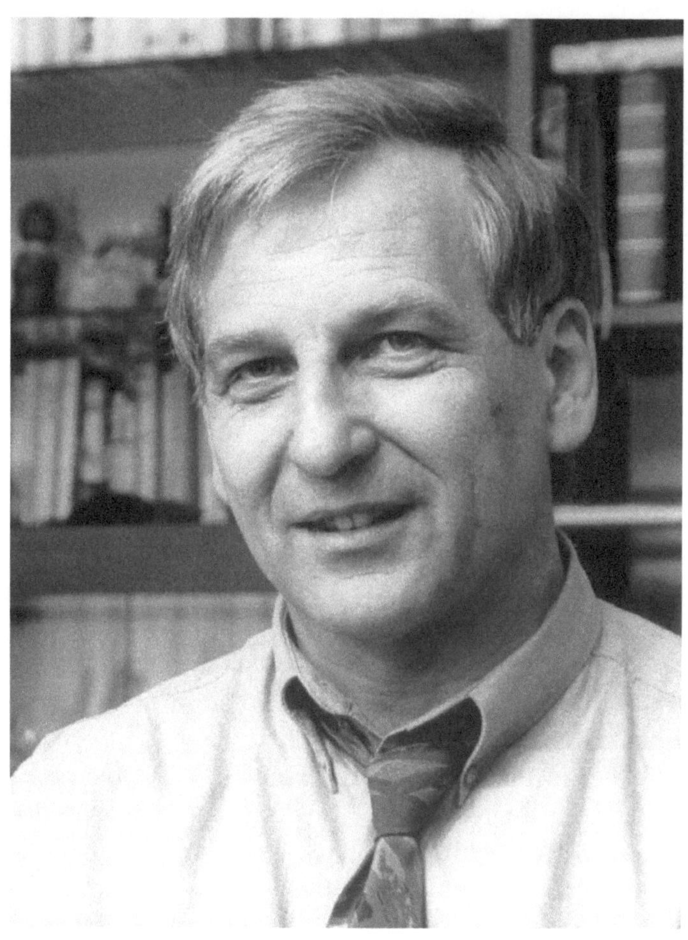

*Autor Ernst Probst*

# Der Autor Ernst Probst

Ernst Probst, geboren am 20. Januar 1946 in Neunburg vorm Wald im bayerischen Regierungsbezirk Oberpfalz, ist Journalist und Wissenschaftsautor. Er arbeitete von 1968 bis 1971 als Redakteur bei den „Nürnberger Nachrichten", von 1971 bis 1973 in der Zentralredaktion des „Ring Nordbayerischer Tageszeitungen" in Bayreuth und von 1973 bis 2001 bei der „Allgemeinen Zeitung", Mainz. In seiner Freizeit schrieb er Artikel für die „Frankfurter Allgemeine Zeitung", „Süddeutsche Zeitung", „Die Welt", „Frankfurter Rundschau", „Neue Zürcher Zeitung", „Tages-Anzeiger", Zürich, „Salzburger Nachrichten", „Die Zeit", „Rheinischer Merkur", „Deutsches Allgemeines Sonntagsblatt", „bild der wissenschaft", „kosmos", „Deutsche Presse-Agentur" (dpa), „Associated Press" (AP) und den „Deutschen Forschungsdienst" (df). Aus seiner Feder stammen die Bücher „Deutschland in der Urzeit" (1986), „Deutschland in der Steinzeit" (1991) und „Deutschland in der Bronzezeit" (1996). Von 2001 bis 2006 betätigte sich Ernst Probst als Buchverleger sowie zeitweise als internationaler Fossilienhändler und Antiquitätenhändler. Insgesamt veröffentlichte er rund 200 Bücher, Taschenbücher, Broschüren und E-Books.

# *Bücher von Ernst Probst*

*(Auswahl)*

Als Mainz noch nicht am Rhein lag

Annie Oakley
Die Meisterschützin des Wilden Westens

Archaeopteryx. Der Urvogel
aus Bayern

Christl-Marie Schultes. Die erste Fliegerin in Bayern
(zusammen mit Theo Lederer)

Cortés und Malinche. Der spanische Eroberer
und seine indianische Geliebte

Der Europäische Jaguar

Der Mosbacher Löwe
Die riesige Raubkatze aus Wiesbaden

Der Rhein-Elefant
Das Schreckenstier von Eppelsheim

Eiszeitliche Leoparden in Deutschland

Frauen im Weltall

Hildegard von Bingen. Die deutsche Prophetin

Höhlenlöwen. Raubkatzen
im Eiszeitalter

Julchen Blasius
Die Räuberbraut des Schinderhannes

Katharina II. die Große.
Die Deutsche auf dem Zarenthron

Johann Jakob Kaup
Der große Naturforscher aus Darmstadt

Königinnen der Lüfte in Deutschland

Königinnen der Lüfte in Europa

Königinnen der Lüfte in Amerika

Königinnen der Lüfte von A bis Z

Rund 70 Kurzbiografien berühmter Fliegerinnen,
Ballonfahrerinnen, Luftschifferinnen,
Fallschirmspringerinnen, Astronautinnen und
Kosmonautinnen

Königinnen des Films

Königinnen des Tanzes

Königinnen des Theaters

Malende Superfrauen

Meine Worte sind wie die Sterne

Die Entstehung der Rede des Häuptlings Seattle
(zusammen mit Sonja Probst)

Monstern auf der Spur
Wie die Sagen über Drachen, Riesen
und Einhörner entstanden

Neues vom Ur-Rhein
Interview mit dem Geologen und Paläontologen
Dr. Jens Sommer

Österreich in der Frühbronzezeit

Österreich in der Mittelbronzezeit

Österreich in der Spätbronzezeit

Pompadour und Dubarry. Die Mätressen
von Louis XV.

Raub-Dinosaurier von A bis Z.
Mit Zeichnungen von Dmitry Bogdanav
und Nobu Tamura

Rekorde der Urmenschen
Erfindungen, Kunst und Religion

Rekorde der Urzeit
Landschaften, Pflanzen und Tiere

Säbelzahnkatzen. Von Machairodus
bis zu Smilodon

Säbelzahntiger am Ur-Rhein. Machairodus
und Paramachairodus

Superfrauen aus dem Wilden Westen

Superfrauen 1 – Geschichte

Superfrauen 2 – Religion

Superfrauen 3 – Politik

Superfrauen 4 – Wirtschaft und Verkehr

Superfrauen 5 – Wissenschaft

Superfrauen 6 – Medizin

Superfrauen 7 – Film und Theater

Superfrauen 8 – Literatur

Superfrauen 9 – Malerei und Fotografie

Superfrauen 10 – Musik und Tanz

Superfrauen 11 – Feminismus und Familie

Superfrauen 12 – Sport

Superfrauen 13 – Mode und Kosmetik

Superfrauen 14 – Medien und Astrologie

Tony und Bruno Werntgen. Zwei Leben für die Luftfahrt
(zusammen mit Paul Wirtz)

Was ist ein Menhir?
Interview mit dem Mainzer Archäologen
Dr. Detert Zylmann

Weisheiten der Indianer

Wer ist der kleinste Dinosaurier?
Interviews mit dem Wissenschaftsautor Ernst Probst

Wer war der Stammvater der Insekten?
Interview mit dem Stuttgarter Biologen
und Paläontologen Dr. Günther Bechly

Zenobia von Palmyra.
Eine Frau kämpft gegen die Römer

Bestellungen bei: http://www.grin.com